市场调查与预测习题册

⊙ 王冲 主编

复旦大学出版社

内容提要

本书是《市场调查与预测》一书配套的习题集。

全书共12章，第一章为导论，主要介绍了市场调查与预测的基本概念、重要性、特征、原则、内容和市场调研方案的设计；第二章至第七章为市场调查部分；第八章至第十一章为市场分析部分；第十二章为市场调查报告的撰写。每章都包括名词解释、单项选择、多项选择、判断和实务题五种题型。

本书适合大专院校市场营销、工商管理专业师生选作教材，同时也可作为各类组织管理人员培训教材或参考书。

编委会

主　编：王　冲（四川农业大学）
编　委：李冬梅（四川农业大学）
　　　　明　辉（四川农业大学）
　　　　方佳明（电子科技大学）
　　　　李曼嘉（四川农业大学）
　　　　吴　卫（成都信息工程学院）
　　　　郭丰恺（成都理工大学）

目 录

第一章 导论 ……………………………………………… 1

第二章 市场调查方法(一)——文案法 ………………… 11

第三章 市场调查方法(二)——观察法 ………………… 18

第四章 市场调查方法(三)——实验法 ………………… 31

第五章 市场调查方法(四)——访问法 ………………… 43

第六章 问卷设计技术 …………………………………… 58

第七章 抽样调查 ………………………………………… 71

第八章 市场调查数据的整理 …………………………… 80

第九章 市场调查数据的统计描述 ……………………… 85

第十章 相关分析和回归分析 …………………………… 90

第十一章 时间序列预测 ………………………………… 96

第十二章 市场调查报告的撰写 ………………………… 99

第一章 导　　论

综合练习

一、名词解释

1. 需求：_____
   _____

2. 信息：_____
   _____

3. 市场调查：_____
   _____

4. 市场预测：_____
   _____

5. 定性市场预测：_____

_____

6. 定量市场预测：_____

_____

二、单项选择

1. 从市场的基本关系角度理解，市场是(　　)。

   A. 商品交换的场所

   B. 商品供求双方相互作用的总和

   C. 某种商品或某类商品的需求量

   D. 商品流通领域反映商品关系的总和

2. 从商品买方角度理解，市场是(　　)。

   A. 商品交换的场所

   B. 商品供求双方相互作用的总和

   C. 某种商品或某类商品的需求量

   D. 商品流通领域反映商品关系的总和

3. 市场是某种商品或某类商品的需求量，这是从(　　)角度来理解市场的。

   A. 空间范围　　　　　　　　B. 买方

   C. 商品供求关系　　　　　　D. 商品流通的全局

4. (　　)是人们对市场的过去和现在的认识。

A. 市场分析 B. 市场调查

C. 市场营销 D. 市场预测

5. （　　）是人们对市场的未来的认识，它能帮助经营者制定适应市场的行动方案，使自己在市场竞争中处于有利地位。

A. 市场分析 B. 市场调查

C. 市场营销 D. 市场预测

6. （　　）是有支付能力的需求。

A. 有效需求 B. 无效需求

C. 潜在需求 D. 现实需求

7. （　　）是暂无支付能力的需求。

A. 有效需求 B. 无效需求

C. 潜在需求 D. 现实需求

8. 我国的市场调查与预测是在（　　）兴起的。

A. 20世纪60年代 B. 20世纪70年代

C. 20世纪80年代 D. 20世纪90年代

9. （　　）的预测期限一般在1～2个月。

A. 短期市场预测 B. 中期市场预测

C. 长期市场预测 D. 远期市场预测

10. （　　）的预测期限一般在1年以上。

A. 短期市场预测 B. 中期市场预测

C. 长期市场预测 D. 远期市场预测

11. （　　）的预测期限一般在1～2个月到1年之间。

  A. 短期市场预测   B. 中期市场预测

  C. 长期市场预测   D. 远期市场预测

12. 市场预测可以分为短期预测、中期预测和长期预测，这是按（　　）划分的。

  A. 预测期限   B. 预测性质

  C. 预测范围   D. 预测商品综合程度

13. 市场预测可以分为定性预测和定量预测，这是按（　　）划分的。

  A. 预测期限   B. 预测性质

  C. 预测范围   D. 预测商品综合程度

14. 市场调查的（　　）表现为应及时捕捉和抓住市场上任何有用的情报、信息，及时分析、反馈，为企业在经营过程中适时地制定和调整策略创造条件。

  A. 时效性   B. 准确性

  C. 科学性   D. 经济性

15. （　　）是市场调查的核心内容。

  A. 社会环境调查   B. 消费者调查

  C. 产品调查   D. 市场营销活动调查

三、多项选择

1. 市场调查和市场预测的联系表现在（　　　　）。

A. 两者是同一门学科

B. 两者是不同市场分析过程的同一阶段

C. 两者是同一项实际工作

D. 从时间连续性来看,两者是一项连贯的工作

E. 从方法论的角度看,市场预测有赖于市场调查

2. 下面关于市场的含义的理解正确的是(　　)。

A. 市场是商品交换关系的总和

B. 市场是商品供求双方相互作用的总和

C. 市场是满足需求的活动过程

D. 市场是商品交换的场所

E. 市场是商品的需求量

3. 消费者需求的影响因素有(　　)。

A. 商品价格　　　　　　　B. 替代品和互补品价格

C. 产品营销策略　　　　　D. 消费者预期和偏好

E. 消费者收入

4. 信息的属性主要包括(　　)。

A. 事实性　　　　　　　　B. 等级性

C. 不完全性　　　　　　　D. 时效性

E. 共享性

5. 从市场调查和市场预测的关系来看,市场调查是市场预测的(　　)。

A. 工具　　　　　　　　　B. 应用

C. 基础　　　　　　　　D. 延伸

E. 保证

6. 从市场调查和市场预测的关系来看,市场预测是市场调查的（　　　）。

   A. 工具　　　　　　　　B. 应用

   C. 基础　　　　　　　　D. 延伸

   E. 保证

7. 按商品交换的内容,市场可以分为（　　　）。

   A. 有形市场　　　　　　B. 无形市场

   C. 国际市场　　　　　　D. 现有市场

   E. 潜在市场

8. 按企业营销的角度,市场可以分为（　　　）。

   A. 有形市场　　　　　　B. 无形市场

   C. 国际市场　　　　　　D. 现有市场

   E. 潜在市场

9. 按流通环节的不同,市场可以分为（　　　）。

   A. 有形市场　　　　　　B. 无形市场

   C. 国际市场　　　　　　D. 批发市场

   E. 零售市场

10. 按地域的不同,市场可以分为（　　　）。

    A. 现有市场　　　　　　B. 国内市场

    C. 国际市场　　　　　　D. 批发市场

E. 零售市场

11. 市场调查与预测的意义在于( )。

    A. 为企业决策提供依据　　B. 促进企业的国际化发展

    C. 帮助企业开拓新的市场　　D. 实现产品的价值增值

    E. 为企业赢得竞争优势

12. 按调查的目的和功能的不同,市场调查可划分为( )。

    A. 探索性调查　　B. 描述性调查

    C. 因果性调查　　D. 分析性调查

    E. 追踪性调查

13. 定性市场预测的特点是( )。

    A. 速度快　　B. 费用少

    C. 客观性强　　D. 准确度高

    E. 简便易行

14. 定量市场预测的特点是( )。

    A. 速度快　　B. 费用少

    C. 客观性强　　D. 准确度高

    E. 简便易行

15. 根据市场调查对象的不同,将市场调查的内容分为( )。

    A. 行业调查　　B. 社会环境调查

    C. 产品调查　　D. 市场营销活动调查

    E. 消费者调查

16. 在市场调查中,社会环境调查包括( )。

　　A. 总体环境调查　　　　B. 产业环境调查

　　C. 政治环境调查　　　　D. 经济环境调查

　　E. 竞争环境调查

17. 在市场调查中,消费者调查也被称为市场需求调查,其内容主要包括( )。

　　A. 消费需求量调查　　　B. 消费结构调查

　　C. 产品价格调查　　　　D. 竞争对手调查

　　E. 消费者行为调查

四、判断改错题

1. 随着商品经济的发展,市场(Market)这个概念的内涵也在不断充实和发展。　　　　　　　　　　　　　　( )

2. 定性预测法具有比较客观、科学性强和准确度高的优点。

　　　　　　　　　　　　　　　　　　　　　　　( )

3. 所谓市场营销就是指企业所提供的产品或服务能够满足消费者的需求,并能激起消费者的购买意愿。　　　　( )

4. 需求＝欲望＋消费者收入　　　　　　　　　　　( )

5. 需求＝欲望×购买力　　　　　　　　　　　　　( )

6. 一般而言,商品的价格与需求量成正相关关系。　( )

7. 一般来说,替代品的价格上升,替代品的需求减少,则消费者

就会把其需求转向相互替代的另一商品上,从而使商品的需求增加。( )

8. 一般而言,互补品的价格上升,互补品的需求减少,则相互补的另一商品的需求也随之减少。 ( )
9. 当消费者对某种商品的偏好程度增强时,该商品的需求量就会减少。 ( )
10. 当消费者预期某种商品的价格即将上升时,就会增加对该商品的现期需求。 ( )
11. 市场需求是变动的,需求的变动造成了市场的不确定性。 ( )
12. 有效需求是有支付能力的需求,无效需求是暂无支付能力的需求。 ( )
13. 文献不是信息。 ( )
14. 市场调查是市场预测的基础和应用。 ( )
15. 市场预测是市场调查的基础和应用。 ( )
16. 市场预测的目的在于最大限度地减少不确定性对预测对象的影响,为科学决策提供依据。 ( )
17. 有支付能力的需求还只是一种潜在的需求。 ( )
18. 潜在需求是暂无支付能力的需求。 ( )
19. 定性市场预测又称判断预测或经验预测,其预测速度快、费用少、简便易行,能综合各种因素分析错综复杂的情况。( )
20. 探索性调查是指为了查明项目不同要素之间的关系,以及查

明导致产生一定现象的原因所进行的调研。　　　（　　）

五、实务题

结合你所熟悉的企业实际,选取一个调查主题,并设计一份完整的调研方案。

第二章 市场调查方法(一)——文案法

综合练习

一、名词解释

1. 文案调查法：_____
   _____

2. 二手资料：_____
   _____

二、单项选择

1. 以文字、图像、符号、声频、视频等形式所负载的各种信息,被称为( )。

A. 加工信息 B. 物质性信息

C. 历史信息 D. 文献性信息

2. 对文献资料的( )进行评价,是指评价所搜集的资料是否有误,资料所涉及的时期是否适当、有没有事过境迁,与第一手资料的接近程度如何等。

A. 相关性 B. 准确性

C. 敏感性 D. 系统性

3. 对文案资料的( )不能较好地呈现资料的特征和潜在信息,因而需要对文案资料进行统计分析。

A. 筛选 B. 整理

C. 评价 D. 归类

4. 文案调查所获的信息属于( )。

A. 一手资料 B. 二手资料

C. 原始资料 D. 现实资料

三、多项选择

1. 文案调查需要遵循的原则有( )。

A. 相关性原则

B. 时效性原则

C. 系统性原则

D. 效益性原则

E. 保密性原则

2. 文案调查的缺点是（　　　）。

　　A. 受时空限制

　　B. 时效性较差

　　C. 不够全面系统

　　D. 费用较高

　　E. 实施较复杂

3. 文案资料的搜集方法主要包括（　　　）。

　　A. 文献资料筛选法

　　B. 报刊剪辑分析法

　　C. 日记描述法

　　D. 情报联网法

　　E. 国际互联网法

4. 文案资料的评价是对其（　　　）的评价。

　　A. 相关性　　　　　　　　B. 准确性

　　C. 经济性　　　　　　　　D. 系统性

　　E. 敏感性

5. 文案资料搜集后，需要对其进行分析和整理，具体包括（　　　）。

　　A. 文案资料的筛选　　　　B. 文案资料的剪辑

　　C. 文案资料的评价　　　　D. 文案资料的归类

E. 文案资料的统计

6. 企业除了可以根据有关调查课题进行文案调查外,还应在平时有目的、有系统地搜集并积累各类市场资料,为开展常规性的文案调查打好良好基础。建立文案调查体系应重点做好的工作是(　　　　)。

　　A. 建立标准化流程　　　　B. 培育专门人才

　　C. 加强信息管理　　　　　D. 明确调查的目的和意义

　　E. 建立调查对象档案

7. 文案调查的许多资料是可供长期使用的,对这部分资料的储存和管理方式主要有(　　　　)。

　　A. 编目式的储存和管理方式

　　B. 分类式的储存和管理方式

　　C. 文献索引式的储存和管理方式

　　D. 经济档案式的储存和管理方式

　　E. 采用电脑进行储存和管理

8. 文案调查法又被称为(　　　　)。

　　A. 间接调查法　　　　　　B. 资料分析法

　　C. 室内研究法　　　　　　D. 静态研究法

　　E. 资料查阅寻找法

9. 下列资料中,属于二手资料的有(　　　　)。

　　A. 年鉴资料　　　　　　　B. 实物资料

　　C. 期刊资料　　　　　　　D. 文集资料

E. 报告资料

10. 与实地调查相比,文案调查的特点有(　　)。

    A. 文案调查是搜集已经加工过的文案

    B. 文案调查以搜集文献性信息为主

    C. 文案调查较少受到人为因素的影响

    D. 文案调查所搜集的资料包括动态和静态两个方面

    E. 文案调查有利于发现隐藏在现象背后的事物本质和规律

11. 文案调查的优点具体表现在(　　)。

    A. 时效性较强

    B. 方便实施

    C. 费用低廉

    D. 避免因被调查者心理因素而产生的种种反应性误差

    E. 可获得超越时空条件的限制文献资料

四、判断改错题

1. 文案调查所搜集的资料包括动态和静态两个方面,尤其偏重于静态资料的收集。　　　　　　　　　　　　　　(　　)

2. 文案调查以搜集文献性信息为主,它具体表现为搜集各种文献资料。　　　　　　　　　　　　　　　　　　(　　)

3. 文案调查是搜集已经加工过的文案,而不是对原始资料的搜集。　　　　　　　　　　　　　　　　　　　　(　　)

4. 文案资料的评价是对其相关性、准确性和经济性的评价。

（　）

5. 对文献资料的相关性进行评价，是指评价所搜集的资料是否有误，资料所涉及的时期是否适当、有没有事过境迁，与第一手资料的接近程度如何等。

（　）

6. 文案资料的归类即对"文案"调查所搜集到的资料进行分组、汇总，使之条理化、系统化。

（　）

7. 文案资料归类的方式有很多种，可以按项目分组、按用途分组和按重要性分组等。

（　）

8. 对文案资料的评价不能较好地呈现资料的特征和潜在信息，因而需要对文案资料进行统计分析。

（　）

9. 对文案资料进行统计分析，常用的方法是用统计图和统计表的形式对资料进行统计分析，在此基础上应用相关分析、回归分析等方法对资料进行深入分析。

（　）

10. 文案调查的许多资料是可供长期使用的，对这部分资料就需要加以合理的储存与保管。

（　）

11. 文案调查资料储存和管理方式主要有两种：一种是经济档案式的储存和管理方式；另一种是采用电脑进行储存和管理。

（　）

12. 文案调查首先要搜集各种历史的和现实的静态统计资料。

（　）

13. 文案调查中调查者不需要亲自到被调查的现场进行访问、观

察和实验。 ( )

14. 文案调查可为实地调查提供背景材料。 ( )

15. 企业内部资料是与企业生产经营活动有关的各种资料,包括市场调查部门汇编的资料、客户订货单、库存台账、发货单等。

( )

16. 企业外部资料是存在于企业外部的资科,包括外部机构搜集整理的资料、各种书籍、杂志等出版物方面的资科和数据库信息等。 ( )

五、实务题

通过文案调查,了解康师傅方便面最近两年在上海市场的销售情况。

第三章 市场调查方法(二)——观察法

综合练习

一、名词解释

1. 观察法：

2. 系统观察法：

3. 随机观察法：

4. 时间纵向序列观察法：

5. 时间横向序列观察法：_____
_____

6. 直接观察法：_____
_____

7. 测量观察法：_____
_____

二、单项选择

1. 市场观察法所获的信息属于（　　）。
   A. 一手资料　　　　　　B. 二手资料
   C. 加工信息　　　　　　D. 次级资料

2. （　　）的调查对象是当时正在发生的、处于自然状态下的市场现象。
   A. 文案法　　　　　　　B. 观察法
   C. 访问法　　　　　　　D. 实验法

3. "盲人摸象"这则寓言中的五个盲人所犯的错误，是因为他们对大象的观察不够（　　）。
   A. 直接　　　　　　　　B. 客观
   C. 全面　　　　　　　　D. 标准

4. 一些企业为了获取市场信息，常年在一些大商场中派驻观察员，他们以工作人员的身份直接与顾客接触，通过有意识的观

察活动了解市场情况,把握市场动态。这种市场观察法属于
( )。

A. 直接性观察

B. 非参与性观察

C. 完全参与性观察

D. 不完全参与性观察

5. 调查者参与被观察者的群体活动,但不隐瞒自己的真实身份,取得被观察者的容纳与信任,置身于观察者群体之中去获取资料。这种市场观察法属于( )。

A. 直接性观察

B. 非参与性观察

C. 完全参与性观察

D. 不完全参与性观察

6. 一些企业为了获取市场信息,在销售现场安装摄像头,以尽量隐蔽的方式了解市场情况。这种市场观察法属于( )。

A. 直接性观察

B. 非参与性观察

C. 完全参与性观察

D. 不完全参与性观察

7. 与参与观察相比较,非参与观察的突出优点是( )。

A. 观察较客观

B. 观察较深入

C. 观察较细致

D. 观察时间较短

8. 在采用实地观察法搜集市场资料时,对于可以确定其发生时间、地点、条件和内容的市场现象,比较适合采取(　　)。

   A. 参与观察　　　　　　B. 非参与观察

   C. 系统观察　　　　　　D. 随机观察

9. 在采用实地观察法搜集市场资料时,对于其发生时间、地点、条件和内容具有不确定性的市场现象,比较适合采取(　　)。

   A. 参与观察　　　　　　B. 非参与观察

   C. 系统观察　　　　　　D. 随机观察

10. 如果对某个工厂或某个商店进行连续几个月,甚至长达几年的产品销售观察,这种市场观察法属于(　　)。

    A. 时间纵向序列观察

    B. 时间横向序列观察

    C. 随机观察

    D. 系统观察

11. 在采用实地观察法搜集市场资料时,对于时间序列数据,要研究市场现象的历史变化时应当运用(　　)。

    A. 时间纵向序列观察

    B. 时间横向序列观察

    C. 随机观察

    D. 系统观察

12. 在采用实地观察法搜集市场资料时,对于截面数据要进行不同对象的对比研究时应当采用（　　）。

   A. 时间纵向序列观察

   B. 时间横向序列观察

   C. 随机观察

   D. 系统观察

13. 广告公司想了解电视广告的效果,选择了一些家庭作为调查样本,把一种特殊设计的"测录转"装在这些家庭的电视机上,自动记录所收看的节目。经过一段时间,就可了解到哪些节目、哪些频道收看的人较多,在以后的工作中根据调查结果合理安排电视广告的播出时间。这种市场观察法属于（　　）。

   A. 随机观察　　　　　　B. 直接观察

   C. 参与观察　　　　　　D. 测量观察

14. 观察人员到商场、街道、家庭等处进行实地观察,不借助专门的观察工具,只看不问,不使被调查者感觉到在接受调查,这种市场观察法属于（　　）。

   A. 随机观察　　　　　　B. 直接观察

   C. 参与观察　　　　　　D. 测量观察

15. 与直接观察相比较,测量观察突破了直接观察中观察者的感官局限,可以做到（　　）。

   A. 重复观测、反复分析

   B. 实施比较简单

C. 形成对事物的整体认识

D. 得到具体、生动的印象

16. 观察法是市场调查研究中重要方法之一,与其他调查方法比较,观察法具有明显的优点,其中最突出的优点是( )。

   A. 在观察过程中,观察人员可多可少,观察时间可长可短

   B. 能够获得直接的、具体的、生动的材料

   C. 只要在市场现象发生的现场,就能比较准确的观察到现象的表现

   D. 对各种市场现象具有广泛的适用性

17. 一家电动剃须器生产商准备在市场推出一种新设计的电动剃须器,它应能弥补老产品存在的某些缺陷。为此企业聘请了100位男士,请他们在观察表上记下他们使用这种剃须器的剃须过程。在他们了解了所有要求后,便开始试用。从拿起剃须器起对产品的手感、从哪儿开始剃须、整个剃须过程所花的时间等,都须记录下来。这种观察结果的记录方法被称为( )。

   A. 实况评录法

   B. 时间取样法

   C. 事件取样法

   D. 日记描述法

18. 在观察结果的记录方法中,( )是在一段时间内,连续地、尽可能详尽地记录被观察对象的所有表现或活动从而进行研

究的方法。

A. 实况评录法

B. 时间取样法

C. 事件取样法

D. 日记描述法

19. 在观察结果的记录方法中,( )是在一定时间内,按着一定的时段观察预先确定好的行为或表现,从而进行研究的方法。

A. 实况评录法

B. 时间取样法

C. 事件取样法

D. 日记描述法

20. 在观察结果的记录方法中,( )是根据一定的研究目的观察某些特定行为或事件的完整过程而进行的研究方法。

A. 实况评录法

B. 时间取样法

C. 事件取样法

D. 日记描述法

21. 对一天内某超市中顾客的所有行为均进行观察和记录,这种观察结果的记录方法被称为( )。

A. 实况评录法

B. 时间取样法

C. 事件取样法

D. 日记描述法

三、多项选择

1. 观察法具有明显的特点,具体包括(　　　)。

   A. 客观　　　　　　　　B. 经济

   C. 全面　　　　　　　　D. 精确

   E. 直接

2. 按照观察者参与程度的不同,可以把观察法划分为(　　　)。

   A. 直接性观察

   B. 系统性观察

   C. 完全参与性观察

   D. 不完全参与性观察

   E. 非参与性观察

3. 与非参与观察相比较,参与观察的优点是(　　　)。

   A. 观察较客观　　　　　B. 观察较深入

   C. 观察较细致　　　　　D. 观察时间较短

   E. 适合观察多种市场现象

4. 按照观察规程是否标准化,可以把观察法划分为(　　　)。

   A. 随机观察　　　　　　B. 直接观察

   C. 系统观察　　　　　　D. 参与观察

E. 非参与观察

5. 与系统观察相比较,随机观察的优点是( )。

   A. 观察过程的标准化程度高

   B. 灵活性大

   C. 调查资料比较系统

   D. 调查资料便于整理和分析

   E. 能充分发挥调查者的主观能动性

6. 与随机观察相比较,系统观察的优点是( )。

   A. 观察过程的标准化程度高

   B. 灵活性大

   C. 调查资料比较系统

   D. 调查资料便于整理和分析

   E. 能充分发挥调查者的主观能动性

7. 按照观察时间的不同,可以把观察法划分为( )。

   A. 时间纵向序列观察

   B. 时间横向序列观察

   C. 随机观察

   D. 系统观察

   E. 测量观察

8. 按照是否借助专门观察工具,可以把观察法划分为( )。

   A. 测量观察   B. 直接观察

C. 系统观察　　　　　　　D. 参与观察

E. 非参与观察

9. 与测量观察相比较,直接观察的优点包括(　　　)。

   A. 实施比较简单

   B. 能形成对事物的整体认识

   C. 能得到具体、生动的印象

   D. 能重复观测、反复分析

   E. 能突破观察者的感官局限

10. 应用观察法搜集市场资料,只有遵循科学观察的基本原则,才能顺利完成观察,并取得良好的效果。应用观察法时,必须遵循的基本原则有(　　　)。

    A. 客观性原则　　　　　B. 随机性原则

    C. 针对性原则　　　　　D. 全面性原则

    E. 持久性原则

11. 观察法是市场调查研究中的重要方法之一,与其他调查方法比较,观察法的优点包括(　　　)。

    A. 直接　　　　　　　　B. 可靠

    C. 简单　　　　　　　　D. 易行

    E. 适用性强

12. 观察法是市场调查研究中的重要方法之一,与其他调查方法比较,观察法具有明显的优点,但也有一些明显的缺点。具体包括(　　　)。

A. 适用性较差 B. 深度不够

C. 限制性比较大 D. 灵活性较差

E. 获得的资料不够具体

13. 在市场活动中，观察法的适用范围非常广泛。下列选项中适合采用观察法的是（　　）。

    A. 了解商品资源情况

    B. 了解仓库的库存情况

    C. 了解顾客行为

    D. 了解商业企业营业状况

    E. 了解商业区的客流量

四、判断改错题

1. 对市场现象进行实地观察，是市场调查最基本的搜集资料方法之一。（　　）

2. 通过观察认识事物，是认识市场的关键。（　　）

3. 市场调查中的观察法，与人们日常对其他现象的一般观察相同。（　　）

4. 市场调查中的观察法，与人们日常对自然现象的观察相同。（　　）

5. 市场调查中的观察法，是观察者根据某种需要，有目的、有计划地搜集市场资料、研究市场问题的过程。（　　）

6. 按参与程度的不同,可以把观察法划分为参与性观察和非参与性观察。   （   ）

7. 观察法最突出的优点,是可以实地观察市场现象的发生,能够获得直接的、具体的、生动的材料。   （   ）

8. 观察法基本上是由调查主体一方为主,而不像其他调查方法,要求被调查者具有配合调查的相应能力。   （   ）

9. 观察法能观察被观察对象的外部动作和表面现象,也能观察其内在因素和动机。   （   ）

10. 观察法在实施时,不会受到时间、空间和经费的限制。（   ）

11. 按照是否标准化划分,可以把观察法划分为直接观察和测量观察两种。   （   ）

12. 完全参与性观察和不完全参与性观察统称为参与性观察。

（   ）

13. 观察结果的记录方法比较多,主要有实况评录法、时间取样法、事件取样法和日记描述法等。   （   ）

14. 事件取样法不受时间间隔与时段规定的限制,只要所期待的事件一出现,便可记录。   （   ）

15. 实况评录法一般适用于个案研究,当观察者与被观察者关系较密切或接触频繁时也常运用。   （   ）

16. 事件取样法是把被研究者在每一时间阶段中的行为,看成是一般通常情况下的一个样本,如果抽取充分多的时段,在这些时间段中所观察到的行为,便可得出规律性的结论。 （   ）

17. 日记描述法的目的是无选择地记录被研究行为或现象系列中的全部细节，获得对这些行为或现象详细、客观的描述。

( )

五、实务题

设计一份对本市当季蔬菜价格变动情况的观察方案。组织调查小组进行实地调查，并分析调查结果。

第四章　市场调查方法(三)——实验法

综合练习

一、名词解释

1. 实验法：_____
   _____

2. 单一组实验：_____
   _____

3. 对照组实验：_____
   _____

二、单项选择

1. 实验法的最大特点是(　　)，这样可提高调查的精度。
   A. 把调查对象置于非自然状态下开展市场调查
   B. 把调查对象置于自然状态下开展市场调查
   C. 调查者收集资料而不改变环境
   D. 市场实验的结果具有很大的可控性

2. 以实验法进行市场调查时，实验数据的(　　)是科学实验的基本要求。
   A. 客观性　　　　　　　　B. 实用性
   C. 可控性　　　　　　　　D. 精确性

3. 以实验法进行市场调查时，(　　)是实验中的激发因素，是引起实验对象变化的原因。
   A. 实验组　　　　　　　　B. 对照组
   C. 自变量　　　　　　　　D. 因变量

4. 以实验法进行市场调查时，(　　)是激发因素的受体，是要被解释的现象和变化的结果，在实验中处于关键地位。
   A. 实验组　　　　　　　　B. 对照组
   C. 自变量　　　　　　　　D. 因变量

5. 以实验法进行市场调查时，(　　)是接受自变量激发的一组对象。

A. 实验组 B. 对照组

C. 自变量 D. 因变量

6. 以实验法进行市场调查时,( )也被称为控制组,是不接受自变量激发的一组或几组对象。

A. 实验组 B. 对照组

C. 自变量 D. 因变量

7. 按照( )的不同,实验法可以划分为单一组实验和对照组实验。

A. 实验组织方式

B. 实验环境

C. 实验目的

D. 实验对象

8. 按照( )的不同,实验法可以划分为实验室实验和现场实验。

A. 实验组织方式

B. 实验环境

C. 实验目的

D. 实验对象

9. 按照( )的不同,实验法可以划分为研究性实验和应用性实验。

A. 实验组织方式

B. 实验环境

C. 实验目的

D. 实验对象

10. 市场实验调查的活动主体是（　　）。

    A. 实验者　　　　　　　B. 实验对象

    C. 实验活动　　　　　　D. 实验检测

11. 实验调查成功的关键是（　　）。

    A. 研究假设的提出

    B. 实验设计

    C. 实验对象的选择

    D. 实验检测

12. 单一组实验也叫（　　），是对单一实验对象在不同的时间里进行前测与后测，比较其结果以检验假设的一种实验方法。

    A. 应用性实验

    B. 研究型实验

    C. 现场试验

    D. 连续实验

13. （　　）的检验假设所依据的不是平行的控制组与实验组的两种测量结果，而是同一个实验对象在自变量作用前和作用后的两种测量结果。

    A. 单一组实验

    B. 对照组实验

    C. 研究型实验

D. 应用性实验

14. 在( )中,要同时对两组观察客体进行测量,比较两组结果以检验实验假设。

   A. 单一组实验
   B. 平行组实验
   C. 研究型实验
   D. 应用性实验

15. 对照是实验所控制的手段之一,目的在于消除( )对实验结果的影响,增强实验结果的可信度。

   A. 自变量　　　　　　　B. 因变量
   C. 无关变量　　　　　　D. 相关变量

16. 在某种特别设计的模拟商场里,请一些顾客在观看了相关广告以后购买商品以观察其购买行为。这种实验法属于( )。

   A. 现场试验　　　　　　B. 实验室试验
   C. 单一实验　　　　　　D. 对照实验

17. ( )是在人工特别设置的环境下进行的实验调查。

   A. 现场试验　　　　　　B. 实验室试验
   C. 单一实验　　　　　　D. 对照实验

18. ( )是在自然的、现实的环境下进行的实验调查。

   A. 现场试验　　　　　　B. 实验室试验
   C. 单一实验　　　　　　D. 对照实验

19. 在几家商场里以不同的价格销售同一商品,以检验是否有必要改变商品价格。这种实验法属于(　　)。

   A. 实验室试验　　　　　　B. 现场试验

   C. 单一实验　　　　　　　D. 对照实验

20. 市场营销人员通过改变包装或降价促进产品销售的实验属于(　　)。

   A. 应用性试验　　　　　　B. 研究性试验

   C. 单一组实验　　　　　　D. 对照组实验

21. (　　)的目的主要是理论和基础研究。

   A. 应用性试验　　　　　　B. 研究性试验

   C. 单一组实验　　　　　　D. 对照组实验

22. 非正规设计的主要特点是在选择实验对象时(　　)。

   A. 体现随机性　　　　　　B. 缺乏随机性

   C. 有评价标准　　　　　　D. 无评价标准

23. (　　)的设计方法主要包括无控制组的事后设计、无控制组的事前事后设计、有控制组的事后设计和有控制组的事前事后设计四种。

   A. 实验室设计实验

   B. 现场设计实验

   C. 正规设计实验

   D. 非正规设计实验

24. (　　)是既无控制组,也无事前测量,只是根据事后测量作出

"粗略"判断的设计方法。

A. 无控制组的事后设计

B. 无控制组的事前事后设计

C. 有控制组的事后设计

D. 有控制组的事前事后设计

25. (　　)的特点是只考虑一个变量的市场效果,同时消除非实验变量的影响。

A. 实验室设计实验

B. 现场设计实验

C. 正规设计实验

D. 非正规设计实验

三、多项选择

1. 将实验法与观察法相比较,下列表述中正确的是(　　)。

A. 观察法是强调在自然状态下进行市场调查

B. 实验法是在非自然状态下进行市场调查

C. 实验法强调实验设计者主观能动性的发挥

D. 一般来说,在一项比较理想的实验中,实验者应该而且可以控制实验环境

E. 在市场观察活动中,调查者仅仅是收集资料而不改变环境

2. 实验法的优点具体表现在(　　)。

A. 市场中的可变因素可以掌握,实验结果容易相互比较

B. 实验法具有一定的可控性和主动性

C. 实验法的结果具有一定的客观性和实用性

D. 实验法可提高调查的精确度

E. 实验法可以突破时间、空间的限制

3. 下列关于实验法缺点的表述中,正确的是(　　)。

A. 实验法仅限于对现实市场经济变量之间关系的分析,而无法研究事物过去和未来的情况

B. 实验法是把调查对象置于非自然状态下开展市场调查的,不易提高调查的精度

C. 实验法通过非自然状态下的实验来进行调查,难以将实验与正常的市场活动结合起来

D. 市场中的可变因素难以掌握,实验结果不易相互比较

E. 实验结果虽然能在一定程度上说明其因果关系,但是必然存在着不能消除的调查误差

4. 实验法的基本要素有(　　)。

　　A. 实验主体　　　　　　　B. 实验客体

　　C. 实验活动　　　　　　　D. 实验检验

　　E. 实验环境

5. 按照实验组织方式的不同,实验法可以划分为(　　)。

　　A. 单一组实验　　　　　　B. 对照组实验

　　C. 交叉组实验　　　　　　D. 研究组实验

E. 应用组实验

6. 与现场实验相比较,实验室实验的缺点有( )。

   A. 成本较高　　　　　　　B. 操作较复杂

   C. 难以广泛应用　　　　　D. 样本规模有限

   E. 实验结果准确率较低

7. 与实验室实验相比较,现场实验的优点有( )。

   A. 成本较低

   B. 操作较简单

   C. 实验结果准确率较高

   D. 样本规模可以很大

   E. 应用较广泛

四、判断改错题

1. 实验法是从自然科学的实验室试验法借鉴而来的,因而最接近科学实验法,但由于实验中受控制的自变量还不可能包括所有影响因变量的因素,所以其结果虽然能在一定程度上说明其因果关系,但是必然存在着调查误差。　　　　( )

2. 实验法中所产生的调查误差是有办法计算,有办法降低,也能消除的。　　　　　　　　　　　　　　　　　　　　( )

3. 实验是一种特别的调查与观察活动,因为几乎每一项实验都同时伴随着调查与观察活动;但实验又不同于普通的调查与

观察活动。( )

4. 实验法通过实地实验来进行调查,将实验与正常的市场活动结合起来。因此,取得的数据比较客观,具有一定的可信度,但不可重复。( )

5. 实验对象是有目的、有意识地进行实验调查的实验者。( )

6. 实验对象和实验环境是实验调查所要认识的客体及其所处的各种社会条件。( )

7. 实验活动是改变实验主体和实验环境的实践活动,它们有一个专门称谓是"实验激发"。( )

8. 实验检验是实验过程中对实验对象所作的检查和测定。实验检验又分为"前测"和"后测"。( )

9. 实验法在实施中,通常由自变量与因变量、实验组与对照组、前测与后测组成。( )

10. 自变量与因变量在不同的实验中,可以互相转化。( )

11. 以实验法进行市场调查时,所有实验都必有对照组。( )

12. 以实验法进行市场调查时,实验组和对照组在实验之前各方面条件和状态都基本一致。( )

13. 设置对照组是因为,对照组虽然不接受自变量激发,但受其他外部因素影响,在经过一段时间后也会自然而然地发生某些变化,这些变化都与实验者的因果关系假设毫不相干;所以,只有从测量结果中排除这些成分,才能得到准确的实验结论。( )

14. 实验检验是进行实验激发之前对实验对象(包括实验组与控制组)所做的测量。 ( )

15. 实验检验是实施实验激发之后对实验对象(包括实验组与控制组)所做的测量。 ( )

16. 实验法的基本原理是实验者假定某些自变量会导致某些因变量的变化,并以验证这种因果关系假设作为实验的主要目标。 ( )

17. 在实验开始时,先对因变量进行测量(前测),再引入自变量实施激发,然后选择其后的某一个时点对因变量进行再测(后测),比较前后两次测量的结果就可以对原理论假设完全证实或部分证实或证伪。 ( )

18. 对照组实验的检验假设所依据的不是平行的控制组与实验组的两种测量结果,而是同一个实验对象在自变量作用前和作用后的两种测量结果。 ( )

19. 单一组实验中不存在与实验组平行的对照组。 ( )

20. 平行组实验是指既有实验组又有对照组的一种实验方法。 ( )

21. 实验室实验和现场实验相比较,现场实验结果的准确率较高。 ( )

22. 市场营销人员通过改变包装或降价促进产品销售的实验是典型的应用性实验。 ( )

23. 非正规设计的主要特点是随机性。 ( )

五、实务题

1. 选择一家你所熟悉的本市某品牌食品公司(如面包房),假设该公司欲对其主要产品的价格调整问题进行一次现场试验,请为其设计一个对照组实验的详细方案。

2. 在主教材例 4-1 中,如果显著性系数 a 取 0.01,包装改变对销售量是否仍然有显著影响?并说明原因。

第五章 市场调查方法(四)——访问法

综合练习

一、名词解释

1. 访问法：_____
   _____

2. 结构式访问：_____
   _____

3. 无结构式访问：_____
   _____

4. 直接访问：_____
   _____

5. 间接访问：_____
   _____

6. 个别访问：_____
   _____

7. 集体座谈：_____
   _____

8. 面谈访问：_____
   _____

9. 电话调查：_____
   _____

10. 留置调查：_____
    _____

11. 邮寄调查：_____
    _____

12. 网络调查：_____
    _____

二、单项选择

1. （   ）的实施过程是调查者与被调查者相互作用、相互影响的过程。

   A. 观察法　　　　　　　　　　B. 实验法

C. 访问法 D. 问卷法

2. 按照（　　）的不同，可以将访问法分为结构式访问和无结构式访问。

    A. 访问交流方式

    B. 访问过程控制程度

    C. 一次访问人数

    D. 访问对象的特征

3. 按照（　　）的不同，可以将访问法分为直接访问和间接访问。

    A. 访问交流方式

    B. 访问过程控制程度

    C. 一次访问人数

    D. 访问对象的特征

4. 按照（　　）的不同，可以将访问法分为个别访谈和集体座谈。

    A. 访问交流方式

    B. 访问过程控制程度

    C. 一次访问人数

    D. 访问对象的特征

5. （　　）弹性大，有利于发挥访问者和被访问者双方的主动性和创造性。

    A. 结构式访问 B. 无结构式访问

    C. 直接访问 D. 间接访问

6. （　　）多采用问卷、量表作为访问工具，因而便于对资料进行定量分析。

   A. 结构式访问

   B. 无结构式访问

   C. 直接访问

   D. 间接访问

7. 在市场访问中,"走出去"和"请进来"这两种访问方式属于（   ）。

   A. 结构式访问

   B. 无结构式访问

   C. 直接访问

   D. 间接访问

8. 根据访问过程控制程度的不同,访问法可分为（   ）。

   A. 一般性访问和特殊性访问

   B. 标准化访问和非标准化访问

   C. 直接访问和间接访问

   D. 个别访问和集体访问

9. 根据访问交流方式的不同,访问法可分为（   ）。

   A. 一般性访问和特殊性访问

   B. 标准化访问和非标准化访问

   C. 直接访问和间接访问

   D. 个别访问和集体访问

10. 根据访问中一次访问人数的不同,访问法可分为（   ）。

A. 一般性访问和特殊性访问

B. 标准化访问和非标准化访问

C. 直接访问和间接访问

D. 个别访问和集体访问

11. 为了了解和监督售后服务的效果,家电企业通常都会向接受了产品维修的客户进行简短的电话回访。这种市场访问调查的方式属于(　　)。

　　A. 非标准化访问　　　　　B. 特殊性访问

　　C. 直接访问　　　　　　　D. 间接访问

12. 观察法和访问法共有的优点是(　　)。

　　A. 灵活性大　　　　　　　B. 可控性好

　　C. 适用性强　　　　　　　D. 可靠性高

13. 在(　　)时,对一些敏感性问题,被访问者难以回答。

　　A. 个别访问　　　　　　　B. 集体座谈

　　C. 一般性访问　　　　　　D. 特殊性访问

14. 一般来说,(　　)最好采用半结构式访问,这样有利于把握方向与重点,有利于局面的控制。

　　A. 个别访问　　　　　　　B. 集体座谈

　　C. 一般性访问　　　　　　D. 特殊性访问

15. 在集体座谈中,参加座谈会的人数一般以(　　)人为宜。

　　A. 2～4　　　　　　　　　B. 3～5

　　C. 5～7　　　　　　　　　D. 8～10

16. 在常用的访问调查中,(　　)是最直接的访问调查方法。

　　A. 网络调查　　　　　　　　B. 电话调查

　　C. 留置调查　　　　　　　　D. 面谈访问

17. 我们经常看到在公开发行的报纸或杂志上刊登着市场调查问卷,这样的调查方法属于(　　)。

　　A. 网络调查　　　　　　　　B. 留置调查

　　C. 邮寄调查　　　　　　　　D. 直接调查

18. 留置调查是介于访问法和邮寄调查之间的一种调查方法,其主要缺点是(　　)。

　　A. 问卷回收率较低

　　B. 问卷回收不及时

　　C. 成本较高

　　D. 问卷回答不够准确

19. 访谈的技巧关键是(　　)的技巧。

　　A. 提问　　　　　　　　　　B. 引导

　　C. 追询　　　　　　　　　　D. 接近

三、多项选择

1. 按照访问过程控制程度的不同,可以将访问法分为(　　)。

　　A. 直接访问　　　　　　　　B. 间接访问

C. 集体座谈 D. 结构式访问

E. 无结构式访问

2. 结构式访问的优点有（　　）。

   A. 能够对调查过程充分把握，从而保证了调查结果的可靠性

   B. 由于访问者介入了整个访问情景，有利于准确评估资料的效度与信度

   C. 访问过程受到高度控制，能对问题进行深入的探讨

   D. 访问多采用问卷、量表作为访问工具，因而便于对资料进行定量分析

   E. 访问弹性大，有利于适应千变万化的客观情况

3. 结构式访问的缺点有（　　）。

   A. 难以对调查过程充分把握，从而降低了调查结果的可靠性

   B. 访问过程受到高度控制，难以对问题进行深入的探讨

   C. 访问缺乏弹性，不利于发挥访问者和被访问者双方的主动性和创造性

   D. 由于访问者介入了整个访问情景，资料的信度不高而效度高

   E. 结构式访问多采用问卷、量表作为访问工具，要求访问者具有较高的专业素质

4. 无结构式访问的优点包括（　　）。

   A. 能够对调查过程充分把握，从而保证了调查结果的可靠性

   B. 访问弹性大，有利于发挥访问者和被访问者双方的主动性

和创造性

C. 有利于适应千变万化的客观情况

D. 可以获得事先没有考虑到的新情况、新问题的资料

E. 访问多采用问卷、量表作为访问工具,因而便于对资料进行定量分析

5. 无结构式访问的缺点包括(　　　　)。

A. 不利于发挥访问者和被访问者双方的主动性和创造性

B. 访问结果难以进行定量分析,其信度不高而效度高

C. 访问获得的资料在内容上主要是质的资料,深入但不够广泛

D. 为了适应千变万化的客观情况,要求访问者必须具有较高的专业素质

E. 难以获得事先没有考虑到的新情况、新问题的资料

6. 与集体座谈相比较,个别访问的优点是(　　　　)。

A. 能够根据访问对象的特殊性区别对待

B. 获取信息迅速,得到的资料更为完整和准确

C. 能够节约人力、时间、资金

D. 便于双方的沟通,访问结果的真实性与可靠性较大

E. 便于了解一些敏感性问题,访谈内容比较深入

7. 与个别访问相比较,集体座谈的优点是(　　　　)。

A. 能够根据访问对象的特殊性区别对待

B. 获取信息迅速,得到的资料更为完整和准确

C. 能够节约人力、时间、资金

D. 便于沟通,访问结果的真实性与可靠性较大

E. 便于了解一些敏感性问题,访谈内容比较深入

8. 在市场调查中,常用的访问方法有( )。

  A. 邮寄调查   B. 面谈访问

  C. 留置调查   D. 电话调查

  E. 网络调查

9. 面谈调查可以采用( )的方式,其被调查者应具有一定的代表性。

  A. 个别访问   B. 集体座谈

  C. 间接访问   D. 网络调查

  E. 电话访问

10. 访问者的( )是面谈访问成功的关键因素。

  A. 访谈技巧   B. 外表

  C. 体态   D. 人际交往能力

  E. 知识面

11. 在面谈访问中,对访问者的基本要求是( )。

  A. 了解访问对象

  B. 克服羞怯心理

  C. 真诚沟通

  D. 以微笑对人

  E. 明确讲话的目的

12. 面谈访问可以直接与被访者沟通,其优点包括(　　)。

　　A. 灵活性较大

　　B. 真实性较高

　　C. 资料准确性较高

　　D. 搜集资料速度快

　　E. 可以互相启发

13. 面谈访问是访问者与被访者直接沟通,其缺点有(　　)。

　　A. 灵活性较小,对调查提纲难于及时修改和补充

　　B. 真实性受到访谈对象和访谈环境的影响

　　C. 被调查者的主观偏见常常影响资料的准确性

　　D. 如果调查的范围较广,信息反馈将不及时

　　E. 成本费用较高

14. 电话调查是调查人员借助电话向被调查者了解有关问题,其优点有(　　)。

　　A. 能在较短的时间内得到答案,取得信息的速度很快

　　B. 一户通常只有一部电话,因而样本的代表性强

　　C. 调查时间短,容易取得被调查者的合作

　　D. 被调查者没有现场心理压力,能轻松回答问题

　　E. 调查的覆盖面大,可以对任何地区的消费者进行调查,调查费用支出少

15. 电话调查是调查人员借助电话向被调查者了解有关问题,其缺点是(　　)。

A. 不容易取得被调查者的合作,对拒绝访问者很难进行劝说和引导

B. 被调查者会有心理压力,较难轻松回答问题

C. 调查的覆盖面大,取得信息的速度较慢

D. 调查时间短,无法询问一些比较专业和复杂的问题

E. 由于一户通常只有一部电话,接电话者有时并非是真正的目标人群

16. 邮寄调查是请被调查者将收到的问卷填好后寄回,以获取信息。其优点是(　　　　)。

A. 调查的区域广,凡是可以通邮的地区都可以被定为调查对象

B. 样本的数目多,相对于面谈访问费用支出少

C. 被调查者有充分的时间考虑和回答问题,可以询问一些较为敏感和复杂的问题

D. 答案可以不受调查人员态度和倾向性意见的影响

E. 获得资料迅速,调查结果的时效性较强

17. 邮寄调查是请被调查者将收到的问卷填好后寄回,以获取信息。其缺点是(　　　　)。

A. 回收率低,一般仅在15%左右

B. 样本的数目多,相对于面谈访问费用支出多

C. 获得资料的时间长,有时会影响调查结果的时效性

D. 如果调查问卷不为被调查者正确理解,会出现答非所问的

现象

E. 无法询问一些较为敏感的问题

18. 留置调查是介于访问法和邮寄调查之间的一种调查方法,其优点是(　　)。

    A. 问卷回收率高

    B. 能控制回收时间

    C. 费用支出少

    D. 回答比较准确

    E. 可以控制填答过程

19. 网络调查是利用互联网收集市场信息,其优点是(　　)。

    A. 不受时间、地域的限制

    B. 调查周期短、时效性高

    C. 成本费用低

    D. 调查内容的表现力强

    E. 容易吸引被调查者注意

20. 网络调查是利用互联网收集市场信息,其缺点是(　　)。

    A. 样本代表性受到一定的限制

    B. 调查问卷很难被目标调查对象注意到

    C. 受时间、地域的限制

    D. 调查结果的真实性和可靠性不高

    E. 调查内容的表现力较差

四、判断改错题

1. 访问法是收集第一手资料的主要方法,它既可以独立使用,也可以与其他调查方法结合应用。（　　）
2. 问卷是无结构式访问的主要工具。（　　）
3. 标准化访问事先不制定表格、问卷和访问程序,只需要拟定出一个粗线条的访问提纲,由访问者给出某些问题,与调查对象自由交谈。（　　）
4. 在直接访问中,"走出去"的好处是有利于访问者在交谈的同时对实地进行观察了解,加深感官的印象,用情境帮助对问题的理解。（　　）
5. 在直接访问中,"请进来"消耗的资金大,花费的时间多。（　　）
6. 在直接访问中,"请进来"使调查对象脱离了原生环境,可能会导致失去本来面目,影响访问的客观效果。（　　）
7. 与集体座谈相比较,个别访问耗时、费资。（　　）
8. 在个别访谈时,对一些敏感性问题,被访问者难以回答。（　　）
9. 与个别访问相比,集体座谈的深度不够。（　　）
10. 一般来说,个别访问最好采用半结构式访问,这样有利于把握方向与重点,有利于局面的控制。（　　）

11. 在集体座谈中,参加座谈会的人数一般以 9~10 人为宜,最多不超过 10 人。( )

12. 常用的访问方法有面谈访问、电话调查、邮寄调查、留置调查和网络调查。( )

13. 访问法是收集第一手资料最主要的方法,它既可以独立使用,也可以与实验法结合应用。( )

14. 面谈调查可以采用个人访问或召开座谈会的方式,两者的被调查者都应具有一定的随机性。( )

15. 电话调查的通话时间一般不能太长,因此这种方式适用于对热点问题、突发性问题、特定问题和特殊群体的调查,也适用于对比较固定的客户企业的调查。( )

16. 留置调查是介于访问法和邮寄调查之间的一种调查方法,可以消除面谈访问和邮寄调查的一些不足。( )

17. 与传统的市场调查相比,留置调查具有自愿性、实时性、成本低等特点。( )

18. 提问是访问调查的主要环节和重要手段,访谈的技巧关键是提问的技巧,提问成功与否决定着访问能否顺利进行和调查的效果。( )

19. 非语言沟通是对提问的延伸或补充,是一种对提问的控制方法。( )

20. 非语言沟通是伴随着沟通的一些非语言性行为,它能影响沟通的效果。( )

21. 倾听包括注意整体性和全面地理解对方所表达的全部信息，否则会引起曲解。（　）

五、实务题

选择你所熟悉的产品，自拟调查主题，对同学进行模拟的面谈访问。

第六章　问卷设计技术

综合练习

一、名词解释

1. 问卷：

2. 自填式问卷：

3. 访问式问卷：

4. 结构式问卷：

5. 非结构式问卷：_____

_____

6. 主体问卷：_____

_____

7. 过滤问卷：_____

_____

8. 开放式问题：_____

_____

9. 封闭式问题：_____

_____

10. 量表：_____

_____

二、单项选择

1. 问卷是用来搜集调查数据的一种工具，其主要特点是（　　）。

  A. 系统化　　　　　　　　B. 标准化

  C. 程式化　　　　　　　　D. 数字化

2. 问卷在市场调查中被广泛地应用，其类型可以按照（　　）的不同，划分为自填式问卷和访问式问卷。

  A. 控制程度

  B. 调查方式

C. 问卷中问题形式

D. 问卷中问题作用

3. 问卷在市场调查中被广泛地应用,其类型可以按照(　　)的不同,划分为结构式问卷和非结构式问卷。

   A. 控制程度

   B. 调查方式

   C. 问卷中问题形式

   D. 问卷中问题作用

4. 问卷在市场调查中被广泛地应用,其类型可以按照(　　)的不同,划分为主体问卷和过滤问卷。

   A. 控制程度

   B. 调查方式

   C. 问卷中问题形式

   D. 问卷中问题作用

5. (　　)是问卷的核心内容。

   A. 甄别问题

   B. 问题和答案

   C. 问题和答案的编码

   D. 背景问题

6. 填写说明是向被调查者说明如何填写问卷、填表的要求、需要注意的问题等。在(　　)中要有仔细的填表说明。

   A. 结构式问卷

B. 非结构式问卷

C. 自填式问卷

D. 访问式问卷

7. 问卷设计中,( )的设计目的是说明调查者的身份、调查内容、调查目的、调查意义、抽样方法、保密措施和致谢等。

  A. 甄别问题   B. 背景问题

  C. 填答说明   D. 卷首语

8. ( )是对问题的回答未提供任何具体的答案,由被调查者根据自己的想法自由作出回答,属于自由回答型。

  A. 直接性问题   B. 间接性问题

  C. 开放式问题   D. 封闭式问题

9. ( )是已事先设计了各种可能答案的问答题,被访者只要或只能从中选定一个或几个现成答案的提问方式。

  A. 直接性问题   B. 间接性问题

  C. 开放式问题   D. 封闭式问题

10. "您认为使用摩托车的原因是什么?",这个问题属于( )。

  A. 直接性问题   B. 间接性问题

  C. 开放式问题   D. 封闭式问题

11. "您认为使用摩托车的原因是什么?(可多选)a. 办事更迅速 b. 办事更方便 c. 在都市里用摩托车很神气 d. 用摩托车是一种身份的象征 e. 就是要骑摩托车的那种冒险的感觉 f. 其他",这个问题属于( )。

A. 直接性问题   B. 间接性问题

C. 开放式问题   D. 封闭式问题

12. （　　）既可以区分事物或现象之间的不同类别、不同等级，还能够确定它们之间不同等级的间隔距离和数量差别。

    A. 定类测量   B. 定序测量

    C. 定距测量   D. 定比测量

13. （　　）在定距测量的基础上具有绝对零点，数据可进行加减运算，还能够进行乘除运算。

    A. 定类测量   B. 定序测量

    C. 定量测量   D. 定比测量

14. （　　）是指对提出的问题，以两种对立的态度为两端点，在两端点中间按程度顺序排列不同的态度；由被调查者从中选择一种适合自己的态度表现。

    A. 连续评分比较量表

    B. 等级顺序量表

    C. 语意差别量表

    D. 李克特量表

15. （　　）是指将许多研究对象同时展示给受测者，并要求他们根据某个标准对这些对象排序或分成等级的量表。

    A. 连续评分比较量表

    B. 等级顺序量表

    C. 语意差别量表

D. 李克特量表

16. （　　）是指受测者被要求对一系列对象两两进行比较，根据某个标准在两个被比较的对象中作出选择的量表。

   A. 连续评分比较量表

   B. 等级顺序量表

   C. 配对比较量表

   D. 李克特量表

17. （　　）是指一次性集中测量被测者所理解的某个对象含义或属性的测量手段。

   A. 连续评分比较量表

   B. 等级顺序量表

   C. 语意差别量表

   D. 李克特量表

18. （　　）由一组陈述组成，每一陈述有"非常同意"、"同意"、"不确定"、"不同意"、"非常不同意"五种回答，分别记为1、2、3、4、5；每个被调查者的态度总分就是他对各道题的回答所得分数的加总，这一总分可说明被调查者的态度强弱或他在这一量表上的不同状态。

   A. 连续评分比较量表

   B. 等级顺序量表

   C. 语意差别量表

   D. 李克特量表

19. "您是否经常看电影?",这个问题设计上的不当之处是( )。

    A. 用词不够确切　　　　B. 用词不够通俗

    C. 未考虑时间性　　　　D. 涉及隐私

20. "您对哪个ISP的服务比较满意?",这个问题设计上的不当之处是( )。

    A. 用词不够确切　　　　B. 用词不够通俗

    C. 未考虑时间性　　　　D. 涉及隐私

21. "您去年家庭生活费支出是多少?",这个问题设计上的不当之处是( )。

    A. 用词不够确切　　　　B. 用词不够通俗

    C. 未考虑时间性　　　　D. 涉及隐私

22. "您是否逃过税?",这个问题设计上的不当之处是( )。

    A. 用词不够确切　　　　B. 用词不够通俗

    C. 未考虑时间性　　　　D. 涉及隐私

三、多项选择

1. 问卷是用来搜集调查数据的一种工具,其优点有( )。

    A. 问卷设计较容易

    B. 调查适用范围广

    C. 调查过程可控性较强

D. 调查结果容易量化

E. 调查结果广泛、深入

2. 问卷是用来搜集调查数据的一种工具,其缺点有(　　)。

　　A. 问卷设计难

　　B. 调查结果广而不深

　　C. 问卷的回收率难以保证

　　D. 调查结果不易量化

　　E. 调查适用范围较小

3. 问卷在市场调查中被广泛地应用,其类型可以按照调查方式的不同,划分为(　　)。

　　A. 主体问卷　　　　　　B. 结构式问卷

　　C. 自填式问卷　　　　　D. 过滤问卷

　　E. 访问式问卷

4. 问卷在市场调查中被广泛地应用,其类型可以按照控制程度的不同,划分为(　　)。

　　A. 结构式问卷　　　　　B. 非结构式问卷

　　C. 自填式问卷　　　　　D. 过滤式问卷

　　E. 访问式问卷

5. 问卷在市场调查中被广泛地应用,其类型可以按照问卷中问题作用的不同,划分为(　　)。

　　A. 主体问卷　　　　　　B. 结构式问卷

　　C. 自填式问卷　　　　　D. 过滤问卷

E. 访问式问卷

6. 一份完整的问卷通常是由（　　　）构成。

   A. 甄别部分　　　　　　B. 开头部分

   C. 背景部分　　　　　　D. 主体部分

   E. 结尾部分

7. （　　　）是问卷的主体部分，也是问卷的核心内容。

   A. 编码　　　　　　　　B. 问题

   C. 说明词　　　　　　　D. 答案

   E. 填答说明

8. 开放式问题对问题的回答未提供任何具体的答案，由被调查者根据自己的想法自由作出回答。其优点是（　　　）。

   A. 回答不受限制，有利于发挥被访者的主动性和想象力

   B. 回答方便，易于进行各种统计处理和分析

   C. 编码和数据录入过程简化，能减少各种误差

   D. 有利于提高问卷的回收率和有效率

   E. 能为研究者提供大量、丰富、具体的信息

9. 开放式问题对问题的回答未提供任何具体的答案，由被调查者根据自己的想法自由作出回答。其缺点是（　　　）。

   A. 被调查者需要花费比较多的时间和精力

   B. 不能很好地反映被调查者的真实想法

   C. 在编辑和编码方面费时费力

   D. 问题的开放性会造成调查偏差

E. 一旦设计有缺陷,对调查质量的影响较大

10. 封闭式问题已事先设计了各种可能的答案,被访者只要或只能从中选定一个或几个现成答案。其优点是(　　)。

    A. 答案标准化,回答方便

    B. 易于进行各种统计处理和分析

    C. 有利于提高问卷的回收率和有效率

    D. 编码和数据录入过程简化,能减少各种误差

    E. 能为研究者提供大量、丰富、具体的信息

11. 封闭式问题已事先设计了各种可能的答案,被访者只要或只能从中选定一个或几个现成答案。其缺点是(　　)。

    A. 被访者只能在规定的范围内回答,可能无法反映其他各种有目的的、真实的想法

    B. 一旦设计有缺陷,对调查质量的影响较大

    C. 编码和数据录入过程复杂,容易产生各种误差

    D. 不利于提高问卷的回收率和有效率

    E. 设计比较困难,必须想出一系列可能的答案

12. 测量具有不同的层次,分为(　　)。

    A. 定类测量

    B. 定序测量

    C. 定距测量

    D. 定量测量

    E. 定比测量

四、判断改错题

1. 问卷是用来搜集调查数据的一种工具,其主要特点是数字化。
   （   ）

2. 背景问题是问卷的主体部分,也是问卷的核心内容。（   ）

3. 问题和答案的编码主要用于识别问卷、调查者、被调查者姓名和地址等,以便于校对检查、更正错误。（   ）

4. 填写说明是向被调查者说明如何填写问卷、填表的要求、需要注意的问题等。在访问式问卷中要有仔细的填表说明。
   （   ）

5. 甄别部分的设计目的是说明调查者的身份、调查内容、调查目的、调查意义、抽样方法、保密措施和致谢等,设计时要求简明、扼要。（   ）

6. 多项选择问题的优点是易于理解并可迅速得到明确的答案,便于统计处理和分析。（   ）

7. 两项选择问题适用于互相排斥的两项择一式问题及询问较为简单的事实性问题。（   ）

8. 多项选择问题的缺点是被访问者没有进一步阐明细节和理由的机会,难以反映被调查者意见与程度的差别,了解的情况不够深入。（   ）

9. 间接性问题是通过假设某一情景或现象而向被访者提出的

问题。 ( )

10. 量表就是根据一定的法则,将某种事物或现象所具有的属性或特征用数字或符号表示出来的过程。 ( )

11. 测量的对象不是事物本身,而是事物所具有的一些特征或属性。 ( )

12. 定类测量所分类别必须既具有穷尽性,又具有互斥性。( )

13. 定距测量是一种分类体系,即将研究对象的不同属性或特征加以区分,标以不同的名称或符号,确定其类别。 ( )

14. 定序测量是按照某种特征或标准将对象区分为强度、程度或等级不同的序列。 ( )

15. 定序测量的数字只单纯表示大小。 ( )

16. 定序测量没有绝对零点,数据可进行加减运算。 ( )

17. 定距测量具有绝对零点,数据可进行加减运算,还能够进行乘除运算。 ( )

18. 连续评分比较量表的优点是省时、有趣、用途广、可以用来处理大量变量。 ( )

19. "您觉得这种产品的新包装不美观吗?",这个问题不该采用否定形式的提问。 ( )

20. "您对这部新款轿车的加速性能和制动性能满意吗?",这个问题设计上的不当之处是用词不够通俗。 ( )

五、实务题

1. 选择你所熟悉的产品,为其设计一份市场调查问卷(必须有明确的调查目的)。

2. 针对上一题中设计的问卷,在班级中选取一份问卷,对其进行评估、预测和修正。

第七章 抽样调查

综合练习

一、名词解释

1. 抽样：

2. 抽样调查：

3. 总体：

4. 样本：

5. 样本容量：_____
   _____

6. 重复抽样：_____
   _____

7. 不重复抽样：_____
   _____

8. 简单随机抽样：_____
   _____

9. 类型随机抽样：_____
   _____

10. 整群随机抽样：_____
    _____

11. 等距随机抽样：_____
    _____

二、单项选择

1. 随机抽样中最基本的方法是(　　　)。

   A. 简单随机抽样

   B. 类型随机抽样

   C. 整群随机抽样

   D. 等距随机抽样

2. 随机抽样中能使样本单位比较集中的抽样方法是(　　)。

　　A. 简单随机抽样　　　　B. 类型随机抽样

　　C. 整群随机抽样　　　　D. 等距随机抽样

3. 随机抽样中能使样本在总体中分布比较均匀的抽样方法是(　　)。

　　A. 简单随机抽样　　　　B. 类型随机抽样

　　C. 整群随机抽样　　　　D. 等距随机抽样

4. (　　)指所要研究对象的全体,由许多客观存在的具有某种共同性质的单位构成。

　　A. 样本　　　　　　　　B. 样本容量

　　C. 总体　　　　　　　　D. 总体参数

5. 在抽样调查中,(　　)是一个样本中所包含的单位数。

　　A. 样本　　　　　　　　B. 样本容量

　　C. 总体　　　　　　　　D. 总体参数

6. (　　)是指从总体中抽出一个样本单位,记录其标志值后,又将其放回总体中继续参加下一轮单位的抽取。

　　A. 随机抽样　　　　　　B. 非随机抽样

　　C. 重复抽样　　　　　　D. 不重复抽样

7. (　　)是每次从总体抽取一个单位,登记后不放回原总体,不参加下一轮抽样。

　　A. 随机抽样　　　　　　B. 非随机抽样

　　C. 重复抽样　　　　　　D. 不重复抽样

8. （　　）的每次试验是独立的，即其试验的结果与前次、后次的结果无关。

　　A. 随机抽样　　　　　　　B. 非随机抽样

　　C. 重复抽样　　　　　　　D. 不重复抽样

9. （　　）的每次试验是在相同条件下进行的，每个单位在多次试验中选中的机会是相同的。

　　A. 随机抽样　　　　　　　B. 非随机抽样

　　C. 重复抽样　　　　　　　D. 不重复抽样

10. （　　）的每次试验结果不是独立的，上次中选情况影响下次抽选结果。

　　A. 随机抽样　　　　　　　B. 非随机抽样

　　C. 重复抽样　　　　　　　D. 不重复抽样

11. 在（　　）中，每个单位在多次试验中中选的机会是不等的。

　　A. 随机抽样　　　　　　　B. 非随机抽样

　　C. 重复抽样　　　　　　　D. 不重复抽样

12. 抽样调查的程序是（　　）。

　　A. 设定总体框架→定义总体→抽样设计→抽样

　　B. 抽样设计→设定总体框架→定义总体→抽样

　　C. 定义总体→设定总体框架→抽样设计→抽样

　　D. 抽样设计→定义总体→设定总体框架→抽样

13. 当调查总体容量不大、差异较小时，可采用（　　）。

　　A. 简单随机抽样　　　　　B. 类型随机抽样

C. 整群随机抽样　　　　　　D. 等距随机抽样

14. 当调查总体容量大,总体有类别差异时,适合采用(　　)。

    A. 简单随机抽样　　　　　　B. 类型随机抽样

    C. 整群随机抽样　　　　　　D. 等距随机抽样

15. 当调查总体容量大,总体无明显类别差异,并且调查要求样本均匀分布时,适合采用(　　)。

    A. 简单随机抽样　　　　　　B. 类型随机抽样

    C. 整群随机抽样　　　　　　D. 等距随机抽样

16. 当调查总体容量大,总体无明显类别差异,并且调查要求方便、快捷时,适合采用(　　)。

    A. 简单随机抽样　　　　　　B. 类型随机抽样

    C. 整群随机抽样　　　　　　D. 等距随机抽样

17. (　　)是先从总体中抽出较大范围的单位,再从中选的大单位中抽较小范围的单位,依次类推,最后从更小的范围抽出样本单位。

    A. 类型抽样　　　　　　　　B. 整群抽样

    C. 等距抽样　　　　　　　　D. 阶段抽样

18. 能体现总体中每个子体的机会完全相等的抽样方法是(　　)。

    A. 简单随机抽样　　　　　　B. 类型随机抽样

    C. 整群随机抽样　　　　　　D. 等距随机抽样

三、多项选择

1. 下列抽样方法中,属于简单随机抽样的有(　　　　)。

   A. 直接抽样　　　　　　　B. 偶遇抽样

   C. 摇号抽样　　　　　　　D. 抽签抽样

   E. 随机数表抽样

2. 类型随机抽样在对总体进行分类时,必须遵循(　　　　)。

   A. 完整性原则　　　　　　B. 互斥性原则

   C. 可对比性原则　　　　　D. 可测量性原则

   E. 穷尽性原则

3. 下列关于随机原则的叙述中,正确的是(　　　　)。

   A. 所谓随机原则就是在抽取调查单位时,完全排除人为的主观因素影响

   B. 就概率意义而言,随机原则又被称为等可能性原则

   C. 所谓随机原则就是在抽取调查单位时,要利用主观意识抽样

   D. 利用抽样调查抽选样本时,应遵循随机原则

   E. 选取样本时要求总体中每个单位都有相等的机会或可能性被抽中

4. 下列关于重复抽样和不重复抽样的叙述中,正确的是(　　　　)。

A. 都是随机抽样

B. 两者的可能样本数目不同

C. 两者都能使总体中每个单位被抽中的机会相等

D. 总体中每个单位被抽中的机会不全相等

E. 都是一种抽样方式

5. 影响抽样误差的主要因素有(　　　　)。

A. 总体被研究标志的差异程度

B. 样本容量

C. 抽样方法

D. 抽样组织形式

E. 估计的可能性和准确度的要求

四、判断改错题

1. 抽样调查是从欲研究的全部对象中抽取一部分样本单位。抽样又称取样。　　　　　　　　　　　　　　　(　　)

2. 抽样调查是一种非全面调查,是市场调查中难度较大的工作。
　　　　　　　　　　　　　　　　　　　　　　(　　)

3. 抽样的意义在于:可以通过对部分单位的调查,达到对总体单位数量特征的认识。　　　　　　　　　　　　(　　)

4. 总体参数指所要研究对象的全体,由许多客观存在的具有某种共同性质的单位构成。　　　　　　　　　　(　　)

5. 样本来自总体,是从总体中按随机原则抽选出来的部分,由抽选的单位构成。 （ ）

6. 在抽样调查中,总体是唯一的、确定的。 （ ）

7. 在抽样调查中,样本是不确定的、可变的、随机的。 （ ）

8. 在随机原则下,当抽样数目达到足够多时,样本就会遵从大数定律而呈正态分布,样本单位的标志值才具有代表性,其平均值才会接近总体平均。 （ ）

9. 样本容量大,样本误差会大,调查费用会增加。 （ ）

10. 样本容量过小,将导致抽样误差增大,甚至失去抽样推断的价值。 （ ）

11. 在抽样调查中,总体参数是反映总体数量特征的指标。 （ ）

12. 非重置抽样的每次试验是独立的,即其试验的结果与前次、后次的结果无关。 （ ）

13. 非重置抽样的每次试验是在相同条件下进行的,每个单位在多次试验中选中的机会是相同的。 （ ）

14. 重复抽样的每次试验结果不是独立的,上次中选情况影响下次抽选结果。 （ ）

15. 重复抽样的每个单位在多次试验中中选的机会是不等的。 （ ）

16. 抽样调查的程序可分为定义总体、设定总体框架、抽样设计和抽样四个阶段。 （ ）

17. 总体参数是将与调研项目相关的个体和无关个体区分开的

条件。　　　　　　　　　　　　　　　　（　　）

18. 类型抽样是先从总体中抽出较大范围的单位,再从中选的大单位中抽较小范围的单位,依次类推,最后从更小的范围抽出样本单位。　　　　　　　　　　　　　　　　（　　）
19. 简单随机抽样一般应用于总体范围很大的情况。（　　）
20. 阶段抽样一般应用于总体范围很大的情况。　（　　）

五、实务题

某企业生产日光灯每天产量约 2 000 支,要求产品检验员每天抽取 50 支,检验其质量。试问运用哪种抽样方法最合理?

第八章　市场调查数据的整理

综合练习

一、名词解释

1. 统计分组：_____

2. 穷尽原则：_____

3. 互斥原则：_____

4. 频数分布：_____

二、单项选择

1. 数据整理的程序是（　　）。

    A. 资料的分组和汇总→统计资料的审核→编制统计表或绘制统计图→统计资料的积累、保管和销毁

    B. 资料的分组和汇总→编制统计表或绘制统计图→统计资料的审核→统计资料的积累、保管和销毁

    C. 资料的分组和汇总→编制统计表或绘制统计图→统计资料的积累、保管和销毁→统计资料的审核

    D. 统计资料的审核→资料的分组和汇总→编制统计表或绘制统计图→统计资料的积累、保管和销毁

2. 统计分组有多种类型，可以按照（　　），将其分为简单分组和复合分组。

    A. 分组标志的多少

    B. 分组标志性质的不同

    C. 分组作用和任务的差异

    D. 分组组织方式的不同

3. 统计分组有多种类型，可以按照（　　），将其分为品质分组和数量分组。

    A. 分组标志的多少

    B. 分组标志性质的不同

C. 分组作用和任务的差异

D. 分组组织方式的不同

4. 统计分组有多种类型,可以按照(　　),将其分为类型分组、结构分组和分析分组。

A. 分组标志的多少

B. 分组标志性质的不同

C. 分组作用和任务的差异

D. 分组组织方式的不同

三、多项选择

1. 统计分组,必须遵循的原则是(　　)。

A. 客观原则　　　　　B. 持久原则

C. 穷尽原则　　　　　D. 互斥原则

E. 时效原则

2. 统计分组有多种类型,可以按照分组标志的多少,将其分为(　　)。

A. 数量分组　　　　　B. 复合分组

C. 简单分组　　　　　D. 品质分组

E. 结构分组

3. 统计分组有多种类型,可以按照分组标志性质的不同,将其分为(　　)。

A. 数量分组　　　　　　B. 复合分组

C. 简单分组　　　　　　D. 品质分组

E. 结构分组

4. 统计分组有多种类型，可以按照分组作用和任务的差异，将其分为（　　　　）。

A. 数量分组　　　　　　B. 分析分组

C. 类型分组　　　　　　D. 品质分组

E. 结构分组

四、判断改错题

1. 统计描述主要是对统计调查所搜集到的各种数据进行审核、分类和汇总。　　　　　　　　　　　　　　　　　（　　）
2. 统计分组标志可以是品质标志，也可以是数量标志。（　　）
3. 从统计分组的性质来看，分组兼有分和合双重含义。（　　）
4. 统计分组必须先对所研究现象的品质标志作全面地、深刻的分析，确定所研究现象类型的属性及其内部差别，而后才能选择反映事物本质的正确的分组标志。　　　　　　　　（　　）
5. 互斥原则就是使总体中的每一个单位都应有组可归，或者说各分组的空间足以容纳总体所有的单位。　　　　　（　　）
6. 穷尽原则就是在特定的分组标志下，总体中的任何一个单位只能归属于某一组，而不能同时或可能归属于几个组。（　　）

7. 在统计分组的基础上,将总体所有的单位按某一标志进行归类排列,称为统计描述。　　　　　　　　　　　　（　　）

五、实务题

1. 在顾客消费的市场调查中,除了性别外还有哪些变量适合用品质分组?

2. 在 Excel 中公式"＝B2/SUM(B2：B6)"每一个符号分别代表什么意思?

第九章　市场调查数据的统计描述

综合练习

一、名词解释

1. 统计表：

2. 统计图：

3. 中位数：

4. 简单算术平均数：

5. 加权算术平均数：_____

_____

6. 众数：_____

_____

7. 调和平均数：_____

_____

二、单项选择

1. (　　)是用一个单位长度(如1厘米)表示一定的数量,根据数量的多少,画成长短相应成比例的直条,并按一定顺序排列起来的统计图。

    A. 条形图　　　　　　　　B. 面积图

    C. 饼图　　　　　　　　　D. 折线图

2. (　　)是用一个圆的面积表示事物的总体,以扇形面积表示占总体的百分数的统计图。

    A. 条形图　　　　　　　　B. 面积图

    C. 饼图　　　　　　　　　D. 折线图

3. (　　)是以折线的上升或下降来表示统计数量增减变化的统计图。

    A. 条形图　　　　　　　　B. 面积图

    C. 饼图　　　　　　　　　D. 折线图

4. (　　)是总体各单位标志值倒数的算术平均数的倒数。

　　A. 调和平均数　　　　　B. 众数

　　C. 中位数　　　　　　　D. 简单算术平均数

5. (　　)是指统计总体或分布数列中出现的频数最多、频率最高的标志值。

　　A. 调和平均数　　　　　B. 众数

　　C. 中位数　　　　　　　D. 简单算术平均数

6. (　　)是将总体各个单位按其标志值的大小顺序排列,处于数列位次中点单位的标志值。

　　A. 调和平均数　　　　　B. 众数

　　C. 中位数　　　　　　　D. 简单算术平均数

7. (　　)是用总体各单位标志值简单加总得到的标志总量除以总体单位总量而得。

　　A. 调和平均数　　　　　B. 众数

　　C. 中位数　　　　　　　D. 简单算术平均数

三、多项选择

1. 统计表是由纵横交叉的线条组成的一种表格,表格内容包括(　　)。

　　A. 总标题　　　　　　　B. 横行标题

　　C. 纵栏标题　　　　　　D. 指标数值

E. 指标图形

2. 平均指标有多种类型,根据各类平均指标代表意义和计算方式的不同,可将其分为(　　)。

A. 算术平均数　　　　　B. 数值平均数

C. 加权平均数　　　　　D. 中位数

E. 位置平均数

3. 根据统计数据是未分组数据或是分组数据,算术平均数的计算形式有(　　)。

A. 简单算术平均数　　　B. 中位数

C. 加权算术平均数　　　D. 几何平均数

E. 调和平均数

四、判断改错题

1. 统计指标清楚地、有条理地显示统计资料,直观地反映统计分布特征,是统计分析的一种重要工具。（　　）

2. 统计表设计总的要求要做到简练、明确、实用、美观,便于比较。（　　）

3. 统计表可以使复杂的统计数字简单化、通俗化、形象化,使人一目了然,便于理解和比较。（　　）

4. 众数是总体各单位标志值倒数的算术平均数的倒数。（　　）

5. 调和平均数是指统计总体或分布数列中出现的频数最多、频

率最高的标志值。 ( )
6. 调和平均数是将总体各个单位按其标志值的大小顺序排列，处于数列位次中点单位的标志值。 ( )
7. 简单算术平均数是用总体各单位标志值简单加总得到的标志总量除以总体单位总量而得。 ( )

五、实务题

数值平均数和位置平均数对数据各有什么要求？

第十章 相关分析和回归分析

综合练习

一、名词解释

1. 函数关系：

2. 相关关系：

3. 相关分析：

4. 回归分析：

二、单项选择

1. 客观现象的相关关系有多种类型，按照（　　）可划分为单相关、复相关和偏相关。

   A. 相关涉及变量多少

   B. 相关形式

   C. 相关方向

   D. 相关程度

2. 客观现象的相关关系有多种类型，按照（　　）可划分为正相关和负相关。

   A. 相关涉及变量多少

   B. 相关形式

   C. 相关方向

   D. 相关程度

3. 客观现象的相关关系有多种类型，按照（　　）可划分为线性相关和非线性相关。

   A. 相关涉及变量多少

   B. 相关形式

   C. 相关方向

   D. 相关程度

4. 客观现象的相关关系有多种类型，按照（　　）可划分为完全相关、不完全相关和不相关。

A. 相关涉及变量多少

B. 相关形式

C. 相关方向

D. 相关程度

5. 按照（　　）可以将回归分析分为一元回归分析和多元回归分析。

A. 涉及自变量的多少

B. 涉及因变量的多少

C. 自变量和因变量之间的关系类型

D. 自变量和因变量之间的数据类型

6. 按照（　　）可以将回归分析分为线性回归分析和非线性回归分析。

A. 涉及自变量的多少

B. 涉及因变量的多少

C. 自变量和因变量之间的关系类型

D. 自变量和因变量之间的数据类型

三、多项选择

1. 客观现象的相关关系有多种类型，按照相关涉及变量多少可划分为（　　）。

A. 单相关　　　　　　B. 复相关

　　C. 正相关　　　　　　D. 负相关

　　E. 偏相关

2. 客观现象的相关关系有多种类型,按照相关形式可划分为（　　）。

　　A. 完全相关　　　　　B. 不完全相关

　　C. 线性相关　　　　　D. 非线性相关

　　E. 不相关

3. 客观现象的相关关系有多种类型,按照相关方向可划分为（　　）。

　　A. 单相关　　　　　　B. 复相关

　　C. 正相关　　　　　　D. 负相关

　　E. 偏相关

4. 客观现象的相关关系有多种类型,按照相关程度可划分为（　　）。

　　A. 完全相关　　　　　B. 不完全相关

　　C. 线性相关　　　　　D. 非线性相关

　　E. 不相关

5. 按照涉及自变量的多少,可以将回归分析分为（　　）。

　　A. 一元回归分析

　　B. 二元回归分析

　　C. 多元回归分析

D. 线性回归分析

E. 非线性回归分析

6. 按照自变量和因变量之间的关系类型,可以将回归分析分为(   )。

   A. 一元回归分析

   B. 二元回归分析

   C. 多元回归分析

   D. 线性回归分析

   E. 非线性回归分析

四、判断改错题

1. 回归分析是研究现象之间是否存在某种依存关系,并对具有依存关系的现象用一个指标表明现象间相互依存关系的方向及密切程度的一种统计分析方法。(   )

2. 相关分析是根据相关关系的具体形态,选择一个合适的数学模型,来近似地表达变量间的平均变化关系的统计分析方法。(   )

3. 相关关系的定性分析是依据研究者的理论知识和实践经验,对客观现象之间是否存在相关关系,以及何种关系作出判断。(   )

4. 相关关系的定量分析是在定性分析的基础上,通过编制相关

表、绘制相关图和计算相关系数等方法,来判断现象之间相关的方向、形态及密切程度。（　　）

五、实务题

是否可以用 Excel 进行多元回归分析？试举例。

第十一章　时间序列预测

综合练习

一、名词解释

1. 时间序列：_____
   _____

2. 时间序列预测：_____
   _____

3. 移动平均法：_____
   _____

4. 指数平滑法：_____
   _____

5. 目测法：_____
_____

二、单项选择

编制时间序列的基本原则是保证数列中各个指标数值的(　　)。

A. 一致性　　　　　　　　B. 时效性

C. 可比性　　　　　　　　D. 相关性

三、多项选择

编制时间序列的基本原则是保证数列中各个指标数值的可比性。具体原则有(　　)。

A. 统计时间一致　　　　　B. 计算方法一致

C. 统计口径一致　　　　　D. 统计工具一致

E. 统计人员一致

四、判断改错题

1. 编制时间序列的基本原则是保证数列中各个指标数值的一致性。　　　　　　　　　　　　　　　　　　　　　(　　)

2. 时间序列预测法的步骤是：编制时间序列→分析时间序列→

构建数学模型→预测。 (　　)

3. 移动平均法可以分为简单移动平均法和加权移动平均法两种。 (　　)

4. 移动平均法是在时间序列中,以本期的实际值和本期的预测值为依据,然后赋予不同的权重,求得下一期预测值。 (　　)

5. 最简单的趋势延伸预测法为目测法。 (　　)

五、实务题

利用主教材中前面章节数据获取的方法(如文案法)收集开篇案例中我国中药材(如桔梗、薄荷和川佛手)的市场需求,并应用本章所讲的时间序列方法对 2013～2015 年的中药材需求量进行预测。

第十二章　市场调查报告的撰写

综合练习

一、名词解释

市场调查报告：_____

_____

二、多项选择

一份科学、合理的市场调查报告应具备的特点有（　　　　）。

A. 时效性　　　　　　　　　　B. 综合性

C. 统一性　　　　　　　　　　D. 针对性

E. 创新性

三、判断改错题

1. 市场调查报告可以完整地表述调研结果。　　　（　）
2. 市场调查报告是衡量和反映市场调查活动质量高低的重要标志。　　　（　）
3. 市场调查报告可被作为历史资料反复使用。　　　（　）
4. 市场调查报告的最终目的就是为决策者提供决策所需的信息和结论建议。　　　（　）

四、实务题

收集几篇市场调查报告习作,对其进行批判式学习。

图书在版编目(CIP)数据

市场调查与预测习题册/王冲主编. —上海：复旦大学出版社,2014.3(2022.1重印)
ISBN 978-7-309-10360-1

Ⅰ. 市… Ⅱ. 王… Ⅲ. ①市场调查-高等学校-习题集②市场预测-高等学校-习题集
Ⅳ. F713.5-44

中国版本图书馆 CIP 数据核字(2014)第 032098 号

市场调查与预测习题册
王　冲　主编
责任编辑/宋朝阳

复旦大学出版社有限公司出版发行
上海市国权路 579 号　邮编：200433
网址：fupnet@ fudanpress.com　　http://www.fudanpress.com
门市零售：86-21-65102580　　团体订购：86-21-65104505
出版部电话：86-21-65642845
常熟市华顺印刷有限公司

开本 890×1240　1/32　印张 3.375　字数 63 千
2022 年 1 月第 1 版第 7 次印刷

ISBN 978-7-309-10360-1/F·2013
定价：9.00 元

如有印装质量问题，请向复旦大学出版社有限公司出版部调换。
版权所有　　侵权必究